Emina Čabaravdić-Kamber

JEDNOG DANA

Pjesme

Verlag Expeditionen
&
Das bosnische Wort

Bibliografische Information der
Deutschen Nationalbibliothek: Die Deutsche
Nationalbibliothek verzeichnet diese Publikation in der
Deutschen Nationalbibliografie; detaillierte bibliografische
Daten sind im Internet über www.dnb.dnb.de abrufbar.

Emina Čabaravdić-Kamber
Jednog Dana
Pjesme

Naslovna strana: Omer Berber
Tehnička oprema: Gino Leineweber
Printed in Germany

ISBN: 978-3-911320-03-0

…i tako, niko ne zna kad odlazi
šta gubi i šta ostavlja…

Ona

Mlada, tanana kao ptica
Povija se kao čempres
Njen korak lagan poput pera

Kao da ne hoda
Prelijeće preko planina
Nevidljivih krila
Odvaja se od njene krvi

ONA
Pred odlukom stoji
Ne zna kojim putem dalje

Dijeli sa nebom vatru
U kojoj izgorijeva

Na jednake dijelove

Udahnjujući
Duša neće htjeti zvijezde
Da pomijera
Jer ona dijeli to što imaš
Na jednake dijelove
Kad te zvuk u satima muze dotakne
Niko neće moći dušom da upravlja
Nestat će i jedan i drugi
U ranama

Ljepota

Ljepota ne gubi na čaru
Nije prolazna...
S vremenom
Uvlači se pod kožu
Oslobađa se vanjskog izgleda...

Prelazeći u duh čovjeka
Ostavlja iza sebe vječiti trag...

Ljepota je neiscrpna
Od dima do plamena
Od plamena do žara
Od žara do pepela
Od pepela do novog rođenja...

Iz života u život
Ljepota
Sazrijeva
u duhu čovjeka

Spaljena zemlja

Nisam zaboravila ono selo
Koje sada iza brda spaljeno šuti
U kojem polja i vrtovi
Nisu od poljskih strašila ovisni

Šta se dešava?
Ne niče voće ni povrće
Šta je sa Ivicom?
Izgleda da je u ratu poginuo
A susjed Ibrahim? Bit će da je i on
Ili razabire tmurne misli i pije

Da li iz ruševine maše mlada?
Ništa osim pepela nije ostalo
Siva praznina u selu
Naše jedine ljubavi

Ništa nije vječno

Jedan uzdah -
Razorene su familije
Izgubljeno je povjerenje
Noć osluškuje nijemo
Iznad svih ruševina
Od straha mjesec se skriva
U sferama oblaka

Bosanski seljaci

Oni su pjesme sa drveta života
skidali
Tako
Kao što su u Bosni
Zrele trešnje
Prije jurjeva
Sa njihovih stabala ubirali

Poklon

Pokloni mi cvijeće danas
Jer mogla bih sutrašnji dan da prespavam

Osjećam ružin miris oko nas
Što se krije iza leđa tvojih

Ne trebam da pogađam
Stvarnost je na pomolu

Srce razigrano osjeća trepet
I buket ruža tu negdje skrivenih

Ne želim da sanjam
Stvarnost je na pomolu
Poklanjaš mi cvijeće danas
Uz riječi
„Moglo bi se desiti da sutrašnji dan ja
prespavam"

Prošlo je...

Znamo
Da je beznadno
Prohujala sreća
I
Ipak stojimo
U noćnim morama
Licem u lice

Trebamo li taj
Unutarnji nemir

Zašto nas napada
Iako znamo
Da je
Sve prošlo...

Decembar u Bosni

U zemljanoj peći treperi slaba vatra
Znak
Da žar postepeno dogorijeva
U pepeo

Dubina noći se uvlači u sobu

Pri slaboj svjetlosti
Koja kroz napuklo kolo prodire i na plafonu
Žuto-rumene siluete ocrtava
Oči uprte u čaroliju boja

Decembar je

Napolju se pahuljice njišu na vjetru
Ulične lampe zanosno plešu
Na snijegom pokrivenoj cesti

Posmatram kroz zaleđene prozore
Kako se jablanove ogoljele grane
Presvlače u bijeli veo

Kao u nekoj nedorečenoj bajci

Decembar je

Pogled

Pogledu jedne lijepe žene
Nije nikad mogao odoljeti
Na takvo nešto nije bio naviknut

Tog dana posmatrao je dublje ženine oči
Pitao se
Da li svijet takvim očima gledan
Sasvim drugačije izgleda

Sljedeće jutro probudio se
I ugledao svijet
Sa dva sunca

Jedno sunce koje mu je poznato
Jedno drugo prosuto
U hiljade kristalnih čestica
Koje su poput bisera svjetlucale
Na ženinom čelu

Njegovo drugo sunce

Bol

Tamna je noć

Kao svijeća
Boriš se protiv vjetra
Niko ne zna
Za tugu koja
Spaljuje svaki dio tijela

Bol

Oda majci

Majka je imala
Svoju politiku i svoj zakon
Majka je imala
Svoju ekonomiju i svoju produkciju

Majka je imala njih
Njeno Jedanaestoro djece
I njenog muža

Otac bi pljuvao u ruke
I uvečer mrtav umoran
Od posla
Bio je on taj
Koji je prvi u čistu
Neizgužvanu
Posteljinu lijegao

Otac je ponekad njegovao
U ranu zoru
Crnu kosu majke da pomiluje
Samo da bi se uvjerio
Da je ona još živa
Da je još tu

Otac nikad prije nije
Njenu snagu shvatio
Do onog kobnog dana
Kada je zauvijek otišla

Vječiti trgovac

Na dugom trgovinskom putovanju
Bili su dani puni sunca
Noći puni mjesečine

Bilo je i nešto drugo

Postojali su dani puni ženskih očiju
Dokle je njegovo životno putovanje trajalo

Na posljednjoj stanici života
Iznad njegovog čela
U tišini noći
Bdiju
Jedine vjerne oči

Oči njegove žene

Dvije polovine

Zemlja od dvije polovine
Jedna od dana
Druga od noći

Sa maramom na glavi
U tvojoj trinaestoj godini života
Govorili su ti roditelji:
„Marama na glavi će te pobožno štititi
Protiv nasilja i zlobe ti služiti"

Na izbjegličkom brodu
U ponoć
Tvoju si maramu sa palube
U prijeteći okean bacila

Uzbrkano more tvoje je tijelo
Daleko od Sirije
U zemlji *nepokrivenih* izbacila

Tvoje crne lokne
Tvoje mrtvo tijelo
Sastavljeno od dvije polovine
Na bijelom pijesku
Italije

Blokada misli

Živimo jedan život
Ovaj današnji
Znamo očito dobro
da smo svi na istom putu
Pokazujemo više hrabrosti
Za život
Nego za smrt

Danas pišemo
Što će sutra biti istorija
Podržavamo nove generacije
Štitimo njihova leđa
Ne da traže svoja prava
Nego da ih nađu

Sa blokadom misli
To bi se moglo uporediti
Sa smrću
Ne bi se imalo o čemu pisati
Niti o bilo čemu nešto reći

Snovi o budućnosti žive i u drugima

Svijet rascijepljen
U kojem živimo
Je ujedno jedan vulkan
Koji je stalno u poziciji
Erupcije
Da iz njegove utrobe
Lavu povraća

Pisat ćemo
Bez blokade misli
Neizrečeno - reći

Bosna 1998.

Nebo kao somot plavo
Moj pogled se prilagođava
Boji firmamentskog plavetnila

Na putu kući
Devet godina poslije rata
Bez straha
Osjećam se kao lastavica
Radije bih letjela

Preko brda i krovova
Što prije Bosnu vidjeti

Nakratko zaboravih
Rat
I sve drugo što se u njoj zbilo

Približavajući se novootvorenoj granici
Postade mi sve sivo, mračno

Iz ruševina cvjetovi se naziru
Prozori djeluju kao crne mrlje
Poput kožnog raka
Nekog smrtno oboljelog tijela

Kad bi se Feniks iz pepela uzdigao
Ne bi imao samo dojam
Da je nebo komadić iznad tog dijela razrušene
planete
Lijep
Ljepši

Za mene najljepši

Zašto me obuze
Osjećaj straha

Gledam razrušenu Bosnu
I doznadoh
Zašto

Na rijeci Bosni

Vjerovala sam
U san i oluju
U dvije polovine zaljubljene u noći
Vjerovala u vrijeme
U kojemu se jug i sjever
Dušom zarekoše
U istoj jezgri
Zriti i drhtati

Na rijeci Bosni
Prespavah sve praznike
Grmljavine i munje

Nekad davno
Na rijeci Bosni

Daleki svijet

Na krilima žednog Pegazusa
Jednog ranog jutra
Odletjela u daleki svijet
Grube prašine i tuđih zvijezda
Guste magle iza skupih snova

Na zapad stigla
Savjest je grizla

Sitna mala
Poput dlana nekog novorođenog djeteta
Izgubljena
U tom velikom svijetu

U potrazi

Prijepodnevno vrijeme se isparava
Male želje
Mirišu neodoljivo
Na vinograde Pelješca

Ti spavaš ispod mosta
Na *Alsteru*[*] uz konzerve pokvarene hrane
Među flašama nekog jeftinog piva

Dva različita svijeta na okretnici života
Na dugom puteljku
Uzduž dalmatinskih morskih klisura
Borovi se prema nebu uzdižu
Vjetar ih nemirno njiše
Tražeći tebe

Junsko lišće i zvono sa crkvenog tornja
Dozivaju sunce

Flaša sa porukom plovi preko mora
Do *Alstera*...

[*] Jezero „Alster" u Hamburgu

Ruža

U vrtu hladnog zapada
Jedna ruža odaje svoju tajnu:

„U mome mediteranskom njihanju
U snazi moga JA
Ostati dostojanstvena
Svog identiteta
Naklanjam ti se
Kao da ispred kraljice stojim

U naklonu vrijednost
Mog skupocjenog mirisa
Moji nježni listovi
Koji
Kao leptiri u zraku trepere
Dok ih ti na zemlji ne prihvatiš

Moje trnje čuvam na mome tijelu
Čvrsto
Kao zaštitu moga JA

Naklanjam ti se
Kao da ispred kraljice stojim“

Budućnost

Nadvili se tmurni oblaci
Nad našom budućnosti
Koje
Ljudi kažu
Na pretek ima
Ona nas usmjerava ka izvoru
Prati nas do ušća
Na kojem ćemo ispruženih ruku
Ispred naših očiju
Tražiti spas

Ona je otišla…

Vjetrom nošene pahuljice
Padaju nečujno na snijegom
Pokrivenu zemlju

Tiho šapuću
Da je ne probude
Iz njenog vječitog sna

Ona je otišla...

Na Pelješcu

Otišla je crnih veselih očiju
Prošle su godine i godine
nisu je napuštale uspomene
Na njenu toplu lagunu
Kao dijete
nije osjećala strah
Od sjene orla na suncu
Od glasa sove u orahovoj krošnji
Danas daleko od Pelješca
Dan i noć nosi prošlost
Na svojim povijenim plećima
Sanja o zelenim borovima
O razigranom dalmatinskom povjetarcu

U njenoj zjenici uspijeva vinograd

Iza dalekog horizonta
Isparava se teško vrijeme
Na zapadu

Pravo na povratak

Doći će vrijeme
Kad ćemo se svom pragu
Vratiti
U svoje prve izgovorene riječi

Svom prvom osjećaju
Uklesanom u zjenici naših očiju

Kad ćemo se na kraj livade vratiti
Gdje se još uvijek stope
naših prvih koraka vide

Cvrkutu ptica lastavica
I njihovom gnijezdu
Ispod krova

I pjesmi nedopjevanoj ćemo se vratiti
Koja u našim ušima odzvanja
Pisana u vremenu
Izgubljenih godina

Tuđi snovi

Od neprospavanih noći
Do treperave rujne zore
Pišem veći dio moje poezije

I tako lutam u tuđim snovima
Silazim na dno njihovog postojanja
Bez straha
Smrt ne prizivajući
U svakom trenutku
U svakom ljubavnom aktu

San je…

Dani izgaraju
Sjećanja nestaju
Iz dana u dan

Dolaziš na prag
Ulaziš nečujno

Gusta magla
Uvukla se u odaje
Ko je?

San je...

Noć

Što znaju već riječi
O životu
Koji sve gubi što pronađe

Jedan prostor po mjeri srca
I duševne snage
Potreban je čovjeku
Umjesto umjetnog svijetla

Želi voljeti
Ono
Što voli

Slušaj njen glas

Željela bi da bude krov
Nad tvojim umornim očima
Kad ti nemir iznad glave lebdi
Zvijezdama vatru da nudi
Dok mjesec tvojim firmamentom kruži

U njenoj zjenici trebao bi spavati
U snu posmatrati
Kako se sunce podmlađuje

U jedan cvijet pretvarajući se
Veći od tvoje boli
Željela bi se
u tvoje tijelo ugnijezditi

Oh
Kako je čvrsta nit jedne pjesnikinje
Ona te moli
Prespavaj tvoju sumnju
U čežnji
U njenoj zjenici

Među sestrama

Jedan grm u sumraku
Djeluje još tamniji
Slaba svjetlost ulične lampe
U blizini naše kuće
Daje mi do znanja
Da se u grmu nešto krije

Stojim sama u vrtu
Čekam na pun mjesec

Pri svjetlosti ulične lampe
prepoznadoh moju stariju sestru
Kako zagrljena sa svojim dragim
Izlazi iz grma

Neka je...
Pomislih u tom trenutku

Ja sam tek dvanaest...

Sarajevska zima

Posmatram sa nekadašnjeg mosta *Gavrila Principa*
Snijegom pokrivena brda
Okolo grada Sarajeva
Nikad do tad viđenog plavetnila

Neprolazno lijep jutarnji prizor
Pomislih
Nimalo se ne razlikuje od nepreglednog neba

Epohama se tražilo utočište
U tom gradu
U kojem se danas nebo sa zlatnim kupolama kiti
Crkve sa sjajnim krstovima visoko uzdižu
U tom gradu
U kojem bijeli minareti
Kao zašiljene olovke djeluju

Sve utonulo u plavetno-snliježni pokrivač

U kafiću na ćošku „Titove"
Sevdah se čuje...

Noć puna tajni

Bosanski pradjedovi su imali svoja pravila
Između ostalih
Da čovjek treba na putovanjima
Često da odmara
Kao nekad u doba karavana

„Nikad nemoj da ne prespavaš u mjestu
U kojem te noć zatekla"

Jer
Dani umaraju putujući
Dok su noći pune slatkih tajni

Poslije provedene noći
Jutrom ne pjevaju samo ptice...

Znali su reći
Bosanski pradjedovi

Rivalnost

U potrazi
Za izvorom
Svih mogućnosti
Život učiniti boljim
Postadosmo pomalo robovi

Nekoliko kapljica poezije
U čaši nadmoćnosti
Rastopiše se u jednu cjelinu
I eto
Osjetismo, čisto
Samo jednu tjelesnu razliku
Između Tebe i mene

Zabranjena ljubav

Ti odlaziš
Ti odlaziš
Ti odlaziš
Ostavljaš otvoren prozor na mansardi tvojoj
plamičak svijeće nedogorjele
i to pismo nedovršeno
na klimavom stolu tvoje sobe
Ti odlaziš
Ti odlaziš
Ti odlaziš
Spotičeš se o podnicu vlagom nagriženu
koja pri toj prigušenoj svjetlosti zjapi kao jama
I nasrćeš na vrata
i bježiš u nepovrat
Ti odlaziš
Ti odlaziš
Ti odlaziš

Tvoji koraci odlučnosti odjekuju
po napuklom stepeništu
Ti se gubiš nestaješ
glas moje molitve ne čuješ
Ti odlaziš
Ti odlaziš
Ti odlaziš
I nestaješ u sarkofagu svom
obučen u svečanoj robi
da bi usnuo zanosni san ljubavi
naše zabranjene Ijubavi
Ti odlaziš
Ti odlaziš
Ti odlaziš

Pogled

Tvoj pogled
Prodire
Kroz pukotine
Prozorskog
Okna
I otkriva
U meni
Vječitu čežnju
Za
Životom

Prijateljstvo

Prijateljstvo ću da gradim na temelju
Čovječanstva bez lažnih riječi

Na čvrstim stubovima
Na kojima neće biti tereta klevete
Niti željezni lanac

Niti zid na kojem ćeš moći napisati
„Ovdje si nepoželjan stranac"

Majka

Ljetno poslijepodne
Voz klizi u pravcu stanice
Hektično mahanje rukama
Jednog pogrbljenog tijela

Na tanke usne molitvom
Pjesma se tužna spustila

Zatim
Jedan tihi razgovor
Šaputanje uz zagrljaj
Na stanici jednog sela
U ljetno poslijepodne

Pjesnik 2021.

Ta Pandemija općenito poznata
Obmanjuje suptilno duševno stanje
Njegovog postojanja
U dugim neprospavanim noćima
On - jedan poeta i svijet oko njega

Pjesničko raspoloženje
Dozvoljava mu da bdije
Za pisaćim stolom u prostoru
U kojem poklanja životu
Jednu neopisivu čar riječi

U potrazi za bolom
U njegovoj Pandemijskoj fazi pisanja
Pita se
Kako da nismo svi
U doba Corone
Postali pjesnici

Covid 19 ga tjera
Bez prigovora
U magnetsko polje poezije
Pušta ga da piše
U njegovoj lebdećoj pjesničkoj fantaziji

Unutarnja sloboda

Čak ni veo joj nije mogao
U njenom orijentalnom okruženju
Nekad napuštenom u noći punog mjeseca
Unutarnju slobodu oduzeti

Po dolasku u drugi svijet
Bez vela
Dolazeći iz tuđine u tuđinu
Ona živi među nama
Nosi zaštitnu masku
Njen nekad davno zaboravljeni veo
Bez velikog interesovanja
Ne pomišlja
Ovaj ravnodušni svijet da mijenja
Pod zaštitnim maskama
Predaje se sudbini

Stegnuta u jednom vakumu
Zarobljena bez unutarnje slobode
Tjerajući svoju krv da uzvrije
Htjela bi da iz njega izleprša

Bez zaštitne maske
Bez zaštitnog vela
Ostale su samo njene oči
Koje nenamjerno očaravaju
Sa dugim crnim trepavicama
U svijetu bez unutarnje slobode

Božanstvena

U silueti jedne lilije
Sa njenim nabreklim grudima
Odmara se
Božanstvena

Sa svakim uzdahom
Posmatra Mimar Sinan-aga
Iz nebesa
Njenu ljepotu
U zaštiti
Njegovih
Minareta
Iznad Bosfora

Njeni božanstveni kukovi
Filigranskim vezom
Okićeni
Spremni
Za trbušni ples

Graciozno se uzdiže prema
Nebu
Namiguje trepavicama
Svom korijenu

Ponosna uz prkos
Odmara među drugim lilijama
Njenog soja
Ogrnuta maglom
Iznad Bosfora

Čežnja

U jednom selu iza sedam brda
Starica jedna čeka sina
Čeka sina…
Zjenica njena k'o horizont razapeta
Od sjevera do juga
Pogledom traži
Lice proljećima željno
I strah je obuze
I strepnja joj kroz tijelo prođe
Misleći na najgore

Je li gladan… spava li
Ili negdje ispod mosta
Ispija gorki život u tami

Pričaju ljudi u selu
Kao on bi se s proljećem vratio
Al' ne zna gdje
Zjenica majke treperi
Dok njega ponos još više vuče sebi

On ne zna kojim pravcem da zaobiđe nju
da je stidom ne povrijedi
nju u kojoj svjetlost za njega bdije

Odnekud iza sedam brda
Šapat glasa majčinog čuje:

„Malo je još lišća ostalo na grani
Do sljedećeg proljeća
Probudi se iz razapete duše tvoje
Ostavi lutanja ponosu u inat
Dok u zjenici mojoj još
Posljednja svjetlost traje“

Prolaznost

Kažu „vrijeme prolazi“
Šireći nebeski svod
I odsjaj hladne mjesečine
Nad ljudskim životom koji
u stvarnosti „prolazi“

Život
Kojemu su potrebne riječi
Čedne uprte oči u oči
Riječi između osmijeha i sna
Malo sjenke
Kada ga sunce prži iznutra
Dublje
Sve do njegove boli

Ljudski život prolazi
Vrijeme ne

Ljudska toplina

U tuđini
U kojoj budućnosti
Na pretek ima
Dolaze nam sjećanja
Na teška vremena
U kojima je
Našim dječijim nogama
U gumenim čizmama
Ukočenim od hladnoće
Prijetila opasnost
Od smrzavanja

Teške su bile te godine
Ali je duševna toplina postojala

Osjećamo kako se u tuđini
Još više otuđujemo
Kako postajemo sami sebi strani
U jednom svijetu
U kojem duša
Polagano zamire

Sanjam

kako mi se vratio mog djetinjstva san,
vjetar mi donio miris rosnog polja
i kapi ledenog studenca na dlanu

Sanjam
Kako ugledah u njima
Meni poznata lica
I sjetih se
nedovršene priče od nekada

Sanjam,
Kako odoh u uzorana polja
Da moje uspavane prijatelje budim
S željom da se u njihovoj priči
Dotaknem
Nedovršenog djela

Sanjam

Noćas

Noćas mi uzorano nebo stvara čudan strah
I zvijezde bez poruke nestaju
U dubokim brazdama
Uzavrelih oblaka

Noćas neko
U mostarskom duhu
Ispija zabranjenu ljubav
U posljednjoj kapi crnog vina

Noćas nekome san krade
Nedorečenu želju

U tmurnim oblacima
Umiru njegovi sati

Noćas se mostarski mjesec
Oprašta od mene

Noć bez interpunkcije

Ne čekaj me
Ja ti neću doći
Pri mjesečevoj blijedoj svjetlosti
Ruke spasa uzalud tražim
A ne njihov uzavreli dodir

I ovo malo duše uzmi, ne oklijevaj
I moje godine uzburkane uzmi
Moje nevolje i moje lude strasti

Ja ostavljam svoj život
U poljima tuđim

Ne čekaj me
Ja ti neću doći

Šverin (Schwerin)

U Istočnoj Njemačkoj
Iznad grada Šverina
Divlje patke sele se na jug

Nebo iznad nas protkano
Boji se u purpurno žutocrvenu nit

Moja čaša je prazna
Samo još moje misli
Tkaju u noćnim satima na želji
Bosnu za jedan trenutak
Zaboraviti

Ipak rima nadolazi sama

Ja sam tvoj pauk

Na tebi je sve sićušno blago
Tvoje oči male crne kao trnine
Tvoji prsti tanki meni tako dragi
Nježna si kao nit nevidljive paučine

Što je ja oko tebe otkah
Da zaštitim tvoje usne meke
Da ostanu čedne i srcu mom drage
Da te čuvam od patnje i teškog zla

Koji ti na svakom koraku vreba

Zato nek te moje niti štite
U paučinu života sam te omotao tanku
Da se ne povrijediš da srce ne stežeš

Da naše vjerne duše u jednu nit vežeš
Ja sam tvoj pauk

Ohridu

Sve što je lijepo
Slilo se u kaldrmi tvojoj
Sve što odaje poetski odsjaj
Lebdi nad tvojom pozlaćenom vodom
Pa čak i ptice u zraku
Plešu neki zanosni ples

Tvoji ljudi
Modrina tvog Jezera
Jedna neispričana legenda

Ohride,
Pjesmo nedopjevana,
Stižu ti pjesnici u pohode
Iz cijelog svijeta
I ljepotici tvojoj
Svetoj Sofiji
Snovima
Nezasićenoj
U okrilju nebeskog svoda
Tajanstvenoj
Uzdahe upijaju
Freske njene
Likovi vječiti

SUTRA II

On se uvlači u sobu, nošen željom
U vjernost od srca do srca
Budi vjetar da njene kose mrsi
Da ih uplete u njihovo željno SUTRA

Bijelim zavjesama skriva jutarnje sunce
Da je iz sna ne probudi
Sa cipelama u ruci, na prstima
Se nečujno iskrada iz sobe bez kaputa

Grad se polako budi i ona s njim
U isčekivanju njihovog željnog SUTRA

Pad

Zarobljen biti u ljubavi bez poricanja
Vidim u tvojim očima sjaj
Na putu kojeg je odabralo
Tvoje srce

Zaljubljen nemaš drugi izbor
Želiš da letiš, letiš u visine
Znajući da riječ *pad*
Nema lakoću jednog pera

Ipak ti namjeravaš uzletjeti
Želiš nebom kružiti, kružiti
Na krilima tvog srca
U tebi poznatom pravcu

Pitaš se
Ako ne za ljubav
Zašto bi za nešto drugo
Služila krila
Zarasla za naša srca

Sudbina

Na mom životnom putu
Pratit ću moju sudbinu
Dok živim i volim

Ako padnem
Opet ću ustati
Neću odustati

Ponekad ću se pred nekim tunelom naći
Vidjeti crno pred očima
Misleći da je došao kraj

Ipak
Dokle god dišem
Bit ću sigurna
Da svaki tunel ima
Jedan ulaz
I
Jedan izlaz

Strpljenje

Ako val Corone
Sa snagom
Udara od hridine vremena
Svaki udar, jedna nada -

Ako se Covid 19
Smjeru kazaljke na satu
Protivi
Svaki bol, nova sloboda -

Ako Pandemija
Nemilosrdno
Oko sebe bjesni
Svaka ljubav, jedna čežnja -

(U vremenu pandemije 2021.)

Ko si ti

Ko si ti
Koji u noći
San kradeš
I
U rujnu zoru
Duši
Krila daješ

Ko si ti
Koji ne tražiš razliku
U vremenu
U godišnjem dobu
Da ljubav tražiš
I nalaziš je
U proljetnom cvijetu
U toploj ljetnoj noći
U opalom jesenjem lišću
Čak i u zimskom vihoru

Ko si ti
Koji iz daljine
Blizinu privlačiš
I
Srcu mira ne daš

Ko si ti
Koji čežnju
U sebi pišeš
U trešnjinom cvijetu
Ljubav oživiš

Ko si ti

Nada umire zadnja

Možda će svijet SUTRA
Ugledati svjetlo dana

Budućnosti će biti na pretek

Život će doći i proći
Sjene će ostati
Za traženje i nalaženje

Nada umire zadnja

Izdržati

Tražila sam te
U mom srcu
- Ti nisi mrtav -

Svaki čovjek umire dva puta

Prvu smrt si već ostavio iza sebe
Mislim na tebe

Pričam ti
Pa makar i u snu
Da sam umorna
Od života
U ovom svijetu

Moje riječi su teške
Pa i ako samo u snu
Pogađaju
Srce
I šutnju
Jednako

Zaštitna maska

Sa Tramvajem 3-com
Voziš se u Sarajevu
Duž ulica
Tvojoj ljubavi u susret

Vježbaš u mislima tvoj prvi spoj

Ti gledaš kroz prozor
Šapućeš u zaštitnu masku
Kako da ljubav izraziš

- Hej
Ima nešto među nama
Samo između tebe i mene
Hoćemo li
Jedno pored drugog
Prošetati
Možda
Će nas koraci
Dovesti do nas -

Tranvajska vožnja se završava

Jedna nepoznata ruka
Iza tvojih leđa
Skida ti zaštitnu masku
Sa usta

To si tako lijepo rekao
Pusti naše korake da govore -

Reče njemu Nepoznata
Bez stida
Bez skrivenih pogleda

Jedna bajka

O umiranju ljubavi
Ne želi čovjek ništa da zna
Ona umire sa smrću -

Dobro bi bilo
Kad bi samo jedna noć
Iz naše životne bajke
Postala istina

Ako bi nas samo jedan uzdah
Iz daljine dotakao

Onda bismo doznali
Šta nam
Žudnja i čežnja znače

Ako nam udaljenost ljubav krade
Kao u nekoj bajci
Koja je u sve jezike svijeta ugravirana
Bez ikakvog poricanja
Onda
Bismo znali
Da sve ono što je napisano
Nikad neće biti zaboravljeno

Marija

Kad život zaboravi sebe razmišljajući
Kako da opstane jedna uspomena
O vinogradima Marijinim znojem natopljena
Vijekovima od istine ispletena

Kako da se liječe ispucale rane
Na njenim rukama od tvrdog vremena
Kako osjeća pod nogama golim
Prokletu sudbinu od znoja i kamena

Kako nemilosrdno njena mladost izgara
U vrtlogu vremena teškim radom
Ne zna za mladost za ljubavne snove
Kao ni za sreću pod nebeskim svodom

Kako da sazna šta mjesec skriva
Dok ona u mraku na verandi kamenoj
Život sabire iz vremena bez ljubavi
I izgara u mladosti nedoživljenoj

Kad život zaboravi sebe...

(Pelješac 2017.)

Radovi na putu

Kroz odsjaj vrelog sunca
U konzervu paštete
I komadu tvrdog hljeba
Znojem natopljenog
U podnevnom satu
Sjena se uvukla
I u utrobu radnika na putu

Pluća njihova pritišće
Pred prvim zalogajem
Dok iz asfalta
Izbija lava žuljeva
I miješa se u gorki džem

Niz moj obraz
Naslonjen na prozor autobusa
Na relaciji Struga - Skoplje
Kliznu jedna suza

(Na putu za Skoplje 1989.)

Stranci

Odjednom
Ništa nije više
Kao nekad

Sad su mi potrebna krila
Mojih pradjedova
Da bih
Svakodnevno šuškanje
Prijekornih riječi
O strancima
Raspršila u jedno
Ništa

Trajno zamara tuđina
I pored njene
Uzvišenosti

Gruda zemlje

Vjerna je ta gruda zemlje
Na kojoj si ugledao prvo svjetlo dana
Udahnuo prvi njen mirisni zrak

Najvjernija je ta gruda zemlje
Napojena znojem tvojih pradjedova
Gažena neprijateljskim stopama
Za koju se vrijedi živjeti i umirati

Vrijeme

Vrijeme umrtvljuje
Ali ja nisam mrtva

Još ne!

Život

Život ubija
Ali ja nisam ubijena

Ne!

Postojanje

Za ljude i za biljke
Postoje
Zima i proljeće

Postoji
Jutarnje rumenilo
I
Večernji zalazak sunca

Postoji vrijeme cvjetanja
I vrijeme kad lišće
Pada sa grana

Postoji življenje i umiranje

Strani vjetar

Ponekad pušemo zajedno u ritmu
Ljuljamo se u zraku tamo i amo
Ne nalazimo mjesto
Niti dodir sa zemljom

Ponekad nismo u sklopu
Gura me sa sjevera prema jugu
Sklon je da se vidi kao spasitelj

Ponekad uspijeva
Da me veže kao čvrstu žilu
Za tuđe tlo

Ali samo ponekad

Jednog dana...

Jednog dana...
Nestat će noći sa istim snom,
Koji se ne završava
Sa istim glasom
Nestat će svako jutro
Ista stvarnost

Jednog dana...
Neće biti više bijesa
Kojim smo znali prikriti svoja
Osjećanja
Koja su loše na naše rane
Utjecala
Zapravo sve je iznova počinjalo
Kad je bijes prestajao

Jednog dana...
Neće nam trebati suze
Niti naše, niti drugog nekog
Nećemo ih vidjeti, osjetiti
Niti ih uz neko drago lice
Prisloniti
Te suze koje su se
Poput kišnih kapljica
Na prozorskom staklu
Niz naša lica slijevale

Jednog dana...
Umrijet će sva naša dotadašnja
Umiranja i življenja
Naše noći i mjesec s njima
Sve će se pretvoriti u maglu
Iz koje će viriti naša sjećanja
Živima namijenjena
I vrijeme će umrijeti
Sa otkucajima života
Kojeg ćemo živima ostaviti na dar

Jednog dana...
Neće niko pitati za nas
Jer nas u životu neće biti
Niti našeg osmijeha, niti bola
Sve smo odbolovali
I svemu lijepom se sa osmijehom divili
Ništa nije ostalo nedodirnuto;
Ni ljubav, ni draž, ni kajanje,
Čak ni zaljubljenost u život

Jednog dana...
Srušit će se kule i kapije
Našeg proživljenog vijeka
Nestat će treperenje naših očiju
Kao i osjećaj naših nemirnih duša
Pri uzdisajima svega
Neproživljenog
Nećemo trebati suze
Osušile su se u vihoru vremena
I kao takve
Neće vrijediti nikome više
Ni duši, ni cvijetu,
Niti od ljubavi bolesnom srcu

Jednog dana...
Nećemo više opisivati naše
Osjećaje
Proživljene u teškim trenucima
Niti ćemo žaliti za prijateljima
Koji su nas napustili ili
Kao što mi njih sada napuštamo
Nećemo o njima moći pričati
Kako ih ne bi povrijedili

Tužno je kad te prijatelji napuste

Jednog dana...
Umrijet će i svaka želja
Za zavičajem i za dobrim ljudima
Nećemo moći ni pitati
Gdje idemo gdje nestajemo
Nećemo ni mi znati
Gdje može mrtav čovjek da ode
Nećemo se više brinuti za srca
Ona će napokon naći izlaz iz života
Iz greški ljubavi kao i iz bola

Jednog dana...
Nećemo se više udaljavati
Od raskrsnice puteva
Sve i kad bi htjeli
Svaki početak je imao neki
Smisao kao i neki kraj
Kada nismo mogli spavati
Srca nam nisu dala

Jednog dana...
Nećemo morati više vremenu
Da vjerujemo
Koje nam nije pomoglo da zaboravimo
Pravilo je od nas slijepce
Spremne da uđu u vatru
To vrijeme nas ne može više vratiti
Niti iz mrtvih srca izbaciti
Doživljenu ljubav

Jednog dana...
Nećemo više tražiti sreću
Ni u snovima, ni na javi
Ostat ćemo sami
I nećemo više čuti taj jedini glas
Glas srca naših
Koja su nas nekad liječila
U njima je bila tajna našeg života

Jednog dana...
Nećemo se više plašiti zaborava
Dobro znamo što znači
Nametati se vremenu
I približavati se vječnosti

Jednog dana...
Zajedno će umrijeti
I ljubav i život i smrt
U zvjezdanom nebeskom
Beskraju
Ugasiti će se naše zvijezde
Svijet će se razbiti
U paramparčad
Mi koji svojom smrću
Nećemo uspjeti to zaustaviti
Biti ćemo isti razbijeni

Jednog dana...
Nećemo više trebati
Da odgovaramo na pitanja
Da li smo voljeli
Ili da li smo bili voljeni
Ćutanjem ćemo dati odgovor

Jednog dana...
Nećemo biti junaci
Koji su život pobijedili
Ostat će naša hamajlija
„El hamsa“
Da govori o pravom korijenu
Svih naših strahova
Neće nas više tajno štititi
Na zlatnoj ogrlici
Poput magičnog oka
Koje štiti od zlobnih pogleda

Jednog dana...
Zore će postati pametnije
Od neprospavanih noći
U kojima smo o
Povratku razmišljali i
Pitali se da li je povratak
Mogućnost
Ili nužnost
Razmišljali kako je teško
Sjećati se
Kako tužno
Biti u potrazi svojih sjećanja
Iako znajući da od žalosti srce
Truhne
Kao kad vlaga nagriza zidove

Jednog dana...
Nestat će sva naša
Obilježja iz prošlosti
Koja su u svakoj životnoj
Dobi bila drugačija
Nećemo više biti djeca, očevi, majke

Jednog dana...
Govorit će se o bićima
Koja su otrgnuta
Od svog postojanja
O bićima koja su brige i
Obaveze držala na nogama
Govorit će pjesnik
A
Ako bude govorio
Ko će ga čuti
Ko će ga vidjeti
Možda samo onaj
Ko je poznavao naša srca

Jednog dana...
Izblijedit će naše omiljene boje
Crveno-crno-bijela
Nestat će u izmaglici
Ljubavi, sigurnosti i nevinosti
Druge boje će se slagati
U neizrečeno

Jednog dana...
Nećemo više biti prinuđeni
Da mislimo o budućnosti
Niti ćemo imati vrijeme žalosti
Naš odlazak neće ispraviti
Ovaj svijet
Ali ga neće ni razoriti
Zemlja po kojoj su
Naše noge kročile bila je
Dio naših duša
Povremeno smo postajali cvjetno polje
Kad smo po njemu hodili
Oko nas se sve vrtilo;
Radost, tuga, dobro ili loše

Jednog dana...
Sunce naših lica
Neće naći zaklon na nebu
Niti zaklon u duši svijeta
Ona su se smjestila
U naša srca
Koja su odabrala
Za svoj dom

Jednog dana...
Nećemo biti više poput svijeća
Koje se bore protiv vjetra
Bit ćemo sami
I niko neće nikad saznati
Za tugu
Koja je spaljivala dio po dio naših tijela
Hvatajući svaki titraj naših očiju

Jednog dana...
Uzdignut ćemo se na sedmo nebo
Vatra će se ugasiti
Izaći ćemo iz ovog svijeta
Sva vrata će biti zatvorena
Pred nama će se ukazati
Neistraženi put
Vječiti put…

(*Pisano 2023-2024. u vremenu liječenja karcinoma*)

O autorici

Emina Čabaravdić-Kamber, Slobodna umjetnica i književnica živi i radi u Hamburgu.
Za mnoge projekte na književnom i umjetničkom polju zauzela se je u Lübeck-u, Münster-u i Hamburgu ,kao i u Visokom, Sarajevu i Kaknju. Vodi projekte za usavršavanje mladih talenata za EU, u suradnji sa Edmund Siemers-Stiftungom Hamburg i Goethe Institutom Sarajevo Član je Njemačkog PEN-a Clan Internationalnog PEN-a Član Udruzenja njemačkih književnika / pokrajine Hamburg Član Internacionalnog udruženja novinara u Hamburgu.
1988 godine osnovala je prvi Internacionalni literarni klub "La Bohemina" u Hamburgu. Izdala je nekoliko djela u prozi i poeziji kao i nekoliko dokumentacija koje govore o njenim projektima sa mladim i odraslim ucesnicima u Bosni i Hamburgu. Nosilac je velikih književnih nagrada, između ostalih „Alberto Karpino „ 1989. nagrade za internacionalnu poeziju grada Napulja, Italija kao i 2021. "Tulliola" nagrade za internacionalnu poeziju u Italiji.
Emina je nosilac najvećeg priznanja Njemačke za njen književni i literarni rad na polju mira, upućenog od predsjednika Njemačke, Romana Herzoga.
2008 dodjeljena joj je nagrada od izdavačke kuće "Bosanska riječ" Tuzla za njene zasluge na književnom polju u dijaspori.

SADRŽAJ